LE

LIVRE DU PRÉFET

—

ÉDIT

DE

L'Empereur Léon VI le Sage sur les corps de métiers de Constantinople

PAR

Jules NICOLE

PROFESSEUR A L'UNIVERSITÉ DE GENÈVE

PARIS

E. THORIN & FILS, ÉDITEURS

Libraires du Collège de France, de l'École normale supérieure,
des Écoles françaises d'Athènes et de Rome
de la Société des Etudes historiques

7, RUE DE MÉDICIS, 7

—

1893

LE
LIVRE DU PRÉFET

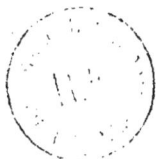

ÉDIT

DE

L'EMPEREUR LÉON VI LE SAGE SUR LES CORPS DE MÉTIERS
DE CONSTANTINOPLE

PAR

Jules NICOLE

PROFESSEUR A L'UNIVERSITÉ DE GENÈVE

PARIS

E. THORIN & FILS, ÉDITEURS

Libraires du Collége de France, de l'École normale supérieure,
des Écoles françaises d'Athènes et de Rome
de la Société des Etudes historiques

7, RUE DE MÉDICIS, 7

1893

Extrait de la *Revue générale du droit*.

TOULOUSE. — IMPRIMERIE A. CHAUVIN ET FILS, RUE DES SALENQUES, 28.

LE LIVRE DU PRÉFET

Edit de l'Empereur Léon VI le Sage sur les Corps de métiers de Constantinople

J'ai découvert le texte de cet édit dans un codex grec de la Bibliothèque de Genève. Le titre de *Livre du Préfet* n'y est accompagné d'aucune indication de date ni d'auteur. Mais on en retrouve quelques passages chez un juriste byzantin — le fameux Tipucite, — qui dit les avoir extraits du *Livre du Préfet*, de Léon le Sage (886-912 de J.-C.). De plus, un manuscrit du Mont-Athos en renferme les trois premiers paragraphes, sous un intitulé qui les donne expressément pour le début d'une série d'ordonnances émanées de l'empereur Léon, et relatives aux corps de métiers de Constantinople. Or, ce dernier renseignement convient de tout point avec le contenu de notre pièce; la provenance de celle-ci ne peut donc faire l'objet d'un doute. Quant à l'étendue des éléments nouveaux qu'elle nous apporte, si nous ajoutons aux passages qu'on lisait déjà chez le Tipucite ou dans le manuscrit du Mont-Athos, ceux dont Harménopoule a grossi son Manuel de Droit, sans dire où il les prenait, nous voyons que treize seulement des cent soixante-quatorze articles du texte de Genève étaient connus jusqu'à ce jour.

Le préfet de Constantinople était chargé de toute la police de la capitale ; il relevait directement de l'empereur, qui lui donnait ou lui retirait la ζώνη ou ceinture, insigne de ses hautes fonctions. Il avait son quartier général dans la Mésé ou rue Centrale, la principale artère du commerce et de l'industrie de la ville. C'est comme grand-maître des corporations qu'il nous apparaît ici. Leur recrutement, l'élection de leurs chefs, les rapports entre elles, toute leur vie organique enfin, reposait sur lui et dépendait de lui. C'était lui qui les représentait vis-à-vis de l'Etat et, dans certains cas, vis-à-vis de la population étrangère ; c'était lui qui connaissait des infractions aux innombrables lois et règlements dont le réseau les enserrait. On comprend que son nom soit placé en tête de l'édit.

Le Livre du Préfet contient vingt-deux chapitres, dont vingt corres-

pondent chacun à un corps de métier différent. Toutes les corporations n'y sont pas, tant s'en faut. Il me paraît probable que l'édit
comptait à l'origine un beaucoup plus grand nombre de chapitres ;
mais il est certain que, déjà au quatorzième siècle, le texte en était
renfermé dans ses limites actuelles.

L'empereur commence par un exposé de motifs dont voici la traduction :

« Après avoir créé l'ensemble des choses et fait régner dans l'univers l'ordre
et l'harmonie, Dieu grava de son propre doigt la Loi sur les Tables et la plaça
en pleine lumière, pour empêcher que les hommes, malgré les sages dispositions
prises à leur égard, n'en vinssent à se ruer honteusement les uns contre les
autres, et que le plus fort n'écrasât le plus faible. Il voulut que tout fut pesé
entre eux à une juste balance. C'est pourquoi, il a paru bon à Notre Sérénité
de formuler, dans les termes qu'on va lire, les dispositions qui découlent de
la Loi, pour que l'espèce humaine soit gouvernée comme il sied, et que personne n'opprime personne. »

Exorde à toutes fins, on le voit. C'est le préambule vague, fait
d'après les règles de la rhétorique ancienne. Aristote regardait
l'exorde de l'Éloge d'Hélène, par Isocrate, comme le modèle du genre,
parce qu'il pourrait introduire n'importe quel autre discours.

Le premier chapitre de l'édit est relatif aux tabulaires ou notaires.
Il y en avait vingt-quatre en tout. Vingt-quatre notaires pour une
grande ville comme Constantinople et pour un peuple aussi procédu-
rier que l'ont toujours été les Grecs, c'est très peu de chose. Chaque
notaire pouvait se faire aider d'un scribe, mais il n'avait pas le droit
de lui donner sa procuration pour la signature d'un acte quelconque.

Analysons ce chapitre, le plus étendu et le plus détaillé de tous.

Les premiers paragraphes traitent de la nomination des notaires.
Ils sont élus par le primicier et les autres membres de la corporation,
mais après une série d'épreuves. Préalablement, on s'assurera si le
candidat possède une connaissance générale des lois et une bonne
écriture, s'il n'est point bavard ou impertinent, s'il a des mœurs
pures, le jugement sain, la parole et la plume faciles. Cela fait, on
passera aux épreuves proprement dites. Le candidat doit savoir par
cœur les quarante titres du *Manuel ou abrégé des lois,* — recueil
publié sous Basile Ier le Macédonien, et constituant une sorte de table
ou de sommaire de toutes les lois non abrogées par cet empereur ; —
il connaîtra bien les soixante livres des *Basiliques ;* il justifiera d'une
culture littéraire complète. Enfin, l'enquête établira que ses aptitudes
physiques sont à la hauteur de ses mérites intellectuels.

Jugé digne d'être admis, il s'engagera par écrit, en présence de
tous les notaires, à ne jamais faillir à ses devoirs.

Puis viennent les formalités de l'installation. Le candidat, revêtu
de son manteau d'apparat, se présentera devant le préfet, en compa-

gnie du primicier et de tous les membres de la corporation, lesquels
jureront, en invoquant Dieu et le salut des Empereurs, — Léon avait
pour collègue nominal son frère Alexandre, associé à l'empire déjà
sous le règne précédent, — que ni la faveur, ni l'intrigue, ni aucune
considération de parenté ou d'amitié n'ont déterminé leur choix, mais
uniquement l'intelligence, le savoir et les capacités du candidat. Alors
le préfet confirmera l'élection. Après quoi, les notaires en corps
se rendront avec le nouvel élu dans l'église la plus proche de son
domicile. Là, il changera son manteau pour une tunique ou un surplis
blanc, et recevra la consécration du prêtre. Puis, une Bible à la
main, escorté de tous les notaires et encensé par le primicier, —
Léon le Sage a soin de nous dire que cette fumée d'encens, en montant droit au ciel, annoncera symboliquement la rectitude de la conduite de l'élu, — il ira prendre possession de son siège ; enfin, il
retournera chez lui dans le même appareil, pour festoyer et se réjouir
avec ses confrères.

Les paragraphes suivants exposent les charges et corvées qui incom-
bent au notaire en tant que membre de la corporation. Il doit assister
à certaines solennités impériales, au *procensum* ou grande procession
dans l'intérieur de Sainte-Sophie, à l'*hippodromium*, représentation
de gala au cirque, etc. Convoqué par le primicier pour une réunion
quelconque, il ne peut faire défaut sans encourir une amende, qui va
grandissant de la première absence à la deuxième, et de la deuxième
à la troisième. Si l'absence est volontaire, la peine s'aggrave : le préfet intervient alors comme grand justicier des corporations et ordonne
que le délinquant soit battu de verges.

Un ensemble de prescriptions minutieuses ont pour but d'empêcher
les conflits entre les membres du collège. Le législateur se montre
fort préoccupé des cas, très fréquents sans doute, où plusieurs notaires instrumentaient à la fois. Il veille aussi à ce que les droits d'an-
cienneté et de préséance soient scrupuleusement respectés dans les
réunions du corps et, ce qui ne donne pas une idée avantageuse de
l'humeur des notaires byzantins, il appelle à son aide l'amende et le
fouet pour les empêcher de s'injurier et de se battre.

Au collège des notaires, — c'est là un des faits les plus curieux
consignés dans ce chapitre, — sont adjointes deux catégories de maîtres, dont la première, sinon toutes les deux, était chargée d'initier
la jeunesse à l'étude des lois. Malheureusement, les termes du livre
sont très vagues ici : peut-être l'auditoire de ces professeurs de droit
se composait-il exclusivement de candidats au notariat. Quant aux
maîtres de l'autre catégorie, on ne nous dit rien de leurs attributions.
La finance plus faible qu'ils payaient à leur entrée dans la corporation,
fait supposer qu'ils représentaient un degré inférieur de l'enseigne-

ment public. Etaient-ce des régents primaires ou secondaires? En tout
cas, le corps enseignant, du moins en partie, était à cette époque
rattaché au collège des notaires.

On trouve entre autres choses, dans les derniers paragraphes, des
dispositions relatives à l'élection du primicier, à la pension de retraite
qu'il touchait, si la maladie ou la vieillesse l'obligeait à se démettre
de sa charge, enfin aux émoluments des notaires. Ces émoluments
étaient proportionnels au capital stipulé dans les actes ou contrats
qu'ils dressaient. Pour une somme de 100 *aurei* ou sous d'or (le sou
d'or valait un peu plus de 15 francs), ils prenaient 12 *ceratia*, soit un
demi-sou; de 100 à 200 *aurei*, ils prenaient un sou; au-dessus de
200 *aurei*, deux sous. Défense de jamais rien exiger au delà de ces
deux sous, quel que fût le montant du capital stipulé. Mais on leur
permettait d'accepter toute gratification que leurs clients jugeaient
convenable de leur offrir.

Le chapitre finit par un ordre signifié aux membres de la corporation d'assister aux obsèques de leurs collègues. Les manteaux de gala
qui avaient accompagné le notaire à l'église, lors de son entrée en
charge, l'escortaient au cimetière, sous peine d'un quart de son
d'amende.

Les chapitres II et III ont trait aux argentiers et aux banquiers. Les
argentiers, dans le livre du préfet, sont orfèvres et bijoutiers. Leurs
ateliers occupaient une partie de la rue Centrale. A deux titres surtout ils attirent l'attention du législateur. On venait à chaque instant
leur offrir des matières d'or et d'argent, des perles et des pierres pré-
cieuses, ou bien, quand ces articles faisaient l'objet d'une négociation
entre particuliers, c'était aux argentiers qu'ils s'adressaient pour en
estimer la valeur. Ce double rôle d'acheteurs et d'estimateurs les ex-
posait à commettre certains délits, et, d'autre part, les désignait
comme les auxiliaires naturels de la police, pour découvrir les vols,
les vols domestiques principalement. De là deux catégories distinctes
de prescriptions fort intéressantes, dans l'examen desquelles je re-
grette de ne pouvoir entrer.

Les banquiers, qui se confondent dans l'édit avec les changeurs,
sont à Constantinople, sous le règne de Léon, comme à toutes les époques et en tout pays, de très importants personnages. Leur entrée
dans la corporation est soumise à des formalités qui rappellent la pro-
cédure suivie pour l'élection des notaires. Leur responsabilité n'est
pas légère. Ils doivent se tenir toujours à leur comptoir; il leur est
défendu de s'y faire remplacer par qui que ce soit, même quand un
service public les appelle au dehors, — je suppose que leur banque
était alors fermée; — ils ne peuvent confier à personne leurs livres
de comptes. Pour toute pièce fausse qui leur est présentée, ils ont, sous

des peines sévères, — le fouet, la tonsure et la confiscation, — à faire un rapport au préfet. Ils ont aussi à surveiller et à dénoncer les *sacculaires*, sorte de changeurs marrons qui rôdaient dans les rues et les places de la ville.

Les chapitres IV-IX concernent l'industrie et le commerce des tissus et des confections en tout genre. C'était là, on le sait, une des principales sources où s'alimentait la prospérité de la capitale. Les soieries surtout, qui, longtemps après le règne de Léon, lorsqu'il y eut aussi de grandes filatures dans la Grèce proprement dite, ne se vendaient guère que sur le marché de Constantinople, y faisaient affluer de toutes les parties du monde l'argent des consommateurs. Bien des années devaient encore s'écouler avant que l'Italie, qui profita du lent déclin de l'Empire d'Orient, supplantât Constantinople dans ce domaine comme dans tous les autres. Quatre puissantes corporations se le partageaient sous Léon le Sage. Il y avait celle des *métaxoprates*, qui achetaient la soie grège; celle des *catartaires* ou apprêteurs, qui la faisaient passer par une première série de transformations ; celle des *séricaires*, qui tissaient la soie et en confectionnaient des vêtements; enfin, celle des *vestioprates*, qui mettaient en vente ces confections. Avec un soin jaloux et à grand renfort de menaces pénales ingénieusement variées, le préfet veille à ce que les limites entre les attributions de ces divers corps de métiers ne soient jamais franchies; il se montre tout aussi vigilant pour empêcher la concurrence étrangère d'entamer le précieux monopole. Mais, ce qui lui tient encore bien plus à cœur, et on le comprend, c'est de mettre obstacle à l'exportation des articles dits prohibés, les fameux κωλυόμενα, soit les étoffes de pourpre qui étaient réservées, les plus belles à l'empereur et à sa cour, les autres aux sujets grecs à l'exclusion des étrangers. Les marchands qui contreviennent de ce chef aux ordonnances impériales ne sont plus, il est vrai, punis de mort, comme sous le régime des codes de Théodose et de Justinien; mais le doux Léon ordonne au préfet de leur faire couper la main, ce qui semblera suffisamment sévère.

Un détail très curieux à relever dans cette partie du Livre, c'est le mode suivi pour l'achat de la soie grège. La corporation tout entière des métaxoprates achetait en bloc les arrivages, et la répartition s'effectuait ensuite entre les membres du collège, au prorata de leur apport à la masse.

La lingerie (chap. IX) était l'affaire d'un corps de métier spécial. Le lin tissé arrivait de Thrace, du Pont, de Cérasonte; le lin brut provenait surtout de la Bulgarie. Les pauvres Bulgares se rendaient à Constantinople à certaines époques de l'année, avec les deux uniques produits de leur industrie agricole, le lin et le miel. On ne leur

permettait pas de les offrir directement aux consommateurs. La corporation des lingers et celle des épiciers leur prenaient, celle-ci leur miel, celle-là leur lin brut ; puis elles leur donnaient en échange des articles manufacturés puisés dans les magasins des autres corporations. On pense bien que ce n'étaient pas les articles de haute nouveauté, et que les négociants de la capitale s'arrangeaient à merveille entre eux pour le moindre bénéfice de ces malheureux campagnards du Danube. Les marchands des autres pays n'étaient d'ailleurs pas beaucoup mieux traités. Parqués dans des hôtelleries publiques et surveillés étroitement par la police, ils ne pouvaient séjourner à Constantinople qu'un trimestre au plus. Passé ce terme, ils devaient retourner chez eux, laissant le solde de leurs marchandises entre les mains du préfet.

La corporation des *prandioprates* avait la spécialité des étoffes et vêtements importés des villes sarrazines par l'intermédiaire des Grecs de Syrie.

Curieux est le chapitre des parfumeurs. Ils vendaient non seulement toute espèce de parfums, mais aussi les matières tinctoriales. C'était de Trébizonde principalement qu'ils tiraien: leurs articles. Le livre leur assigne un terrain d'opérations nettement délimité : « Que leurs tables et leurs bocaux garnissent l'espace compris entre le grand Milliaire et l'image très vénérée du Christ, notre Dieu, qui surmonte le portique de bronze, afin qu'une agréable odeur s'élève jusqu'à cette image et embaume aussi le vestibule du palais impérial. » L'empereur Léon ajoutait sans doute beaucoup d'importance à la suavité des impressions olfactives. Il ne veut aucune promiscuité entre les bonnes odeurs et les mauvaises : « Défense aux parfumeurs, » dit-il, « d'avoir en dépôt le moindre article d'épicerie, la moindre substance nauséabonde : il ne saurait, en effet, y avoir d'alliance entre les parfums et les puanteurs. »

Je passe sur le chapitre des *cérulaires* ou fabricants de cierges et de bougies et sur celui des savonniers. Je relèverai toutefois dans ce dernier deux paragraphes typiques. L'empereur ordonne que tout savonnier qui aura malicieusement introduit de la lessive de savon dans une maison privée subira la peine des homicides. Cette extrême rigueur pour un délit dont je ne comprenais pas la gravité m'a décidé à consulter les chimistes. Ils m'ont répondu que le liquide alcalin obtenu par le mélange du carbonate de soude ou de potasse avec de la chaux vive, et employé de tout temps dans la fabrication du savon, constituait un poison énergique. C'est là, sans doute, ce que notre texte appelle la lessive de savon. Il est probable que des cas récents d'empoisonnement par cette substance avaient alarmé l'autorité judiciaire de Constantinople. Sa vigilance sur ce point était d'ailleurs d'autant plus naturelle que les médecins et les vétérinaires byzantins recommandaient l'emploi dudit produit chimique pour le traitement de certaines maladies.

Dans le second de ces deux paragraphes, on défend à tout membre du collège d'employer, pour la fabrication du savon, le suif ou n'importe quelle autre graisse animale, pendant le carême et, en général, pendant les jours maigres. C'était, paraît-il, faire gras soi-même et forcer ses ouvriers à pécher aussi contre les lois de l'Eglise. Un pareil délit entraînait la flagellation, la tonsure et l'incapacité d'exercer désormais le métier.

Il y avait des épiciers dans tous les quartiers de la ville. En fait, ils étaient aussi marchands de légumes, merciers, droguistes, fruitiers, etc. On trouvait de tout dans leurs magasins, véritables bazars, qui ressemblaient fort à ce qu'on appelle, dans certaines provinces françaises, « des boutiques brisées. » Voici la liste des articles qu'ils devaient tenir : « Que les épiciers vendent de la viande, du poisson salé, de la farine, du fromage, du miel, de l'huile, des légumes de toute sorte, du beurre, de la poix sèche et de la poix liquide, de la résine de cèdre, du chanvre, de l'étoupe de lin, du gypse, des boîtes, des bouteilles, de la paille, enfin to .t marchandise qui se pèse avec une romaine et non avec une bala à deux plateaux. »

Comme on leur défendait en mê · temps de faire concurrence aux bouchers, aux restaurateurs et aux parfumeurs, il devait être singulièrement difficile d'appliquer dans toutes ses parties le règlement qui les concernait. Il y avait là surtout une question de mesure : ils étaient détaillants et ne pouvaient vendre en gros. Il ne fallait pas non plus que leur bénéfice dépassât jamais deux miliarisions par sou d'or, autrement dit, le 17 p. 0/0. Pour s'en assurer, la police vérifiait à chaque instant leurs livres de comptes.

Les selliers ne relevaient pas, à l'ordinaire, du préfet de la ville, mais du grand écuyer de l'empereur. C'était seulement lorsqu'ils s'acquittaient d'un service public qu'ils rentraient sous la juridiction du préfet, lequel, d'ailleurs, nommait ou confirmait le chef de la corporation.

Les bouchers avaient leur marché au Stratégion, près de la Corne-d'Or. Pour les frais d'abattage, ils recevaient la tête et les pieds de chaque pièce de bétail. Les moutons, qui se consommaient en très grande quantité à Constantinople, arrivaient de Bithynie.

Les marchands de marée n'avaient pas le droit de faire eux-mêmes la pêche. Chaque matin, les chefs de la corporation allaient trouver le préfet, qui fixait avec eux le prix de vente du poisson d'après la quantité que les pêcheurs en avaient pris pendant la nuit.

Les boulangers étaient en même temps meuniers. On les exemptait de tout service public, eux et les animaux qu'ils employaient à tourner la meule. Ils réalisaient un bénéfice invariable du 20 pour 0/0. Quant au prix du pain, c'était encore le préfet qui l'établissait d'après le cours du blé, et de la façon la plus étrange. En effet, les consommateurs payaient toujours la même somme pour la livre de pain, que le blé fût cher ou bon marché ; c'était le poids de la livre qui devenait fort ou faible, selon qu'il y avait abondance ou disette. On avait inventé là un moyen ingénieux, sinon efficace, d'empêcher les émeutes.

Ce système invraisemblable était aussi appliqué à la vente du vin. Chaque fois que le cours du vin haussait, les cabaretiers ou restaurateurs en informaient le préfet, qui donnait la mesure exacte d'après laquelle ils avaient à faire rétrécir les muids et les brocs de leurs établissements.

Léon VI, que le recueil de ses Novelles nous montre très soucieux de la sanctification du dimanche, ne pouvait la passer sous silence dans un règlement de police sur les cabaretiers. Les restaurants et cabarets de Constantinople ne devaient s'ouvrir ni même s'entr'ouvrir les dimanches et fêtes solennelles avant huit heures du matin; le soir, au coup de huit heures, ils se fermaient et on y éteignait toutes les lumières. L'empereur fait cette réflexion que si l'on permettait aux gens qui passent volontiers la journée entière au cabaret d'y passer encore la nuit, il y aurait dans la ville des batteries et des rixes scandaleuses. Pour cette fois, il justifie le beau surnom de Sage, auquel sa conduite privée, ainsi que la plupart de ses œuvres littéraires, donna le plus éclatant démenti.

Après un chapitre hors de cadre, mais fort important, sur le substitut au Préfet, le Livre s'occupe du plus humble des collèges, celui des maquignons, chargé non seulement de vendre à prix réduits les animaux laissés pour compte à leurs propriétaires après marché conclu, mais aussi d'examiner le bétail acheté sur la place et de signaler aux acquéreurs les vices rédhibitoires qu'ils pouvaient invoquer pour rentrer en possession de leur argent.

Reste le dernier chapitre, relatif non pas à une corporation proprement dite, mais à tous les entrepreneurs qui s'engageaient à livrer pour un terme convenu un ouvrage quelconque. Le texte nous en était déjà connu, grâce à Harménopoule, qui l'a copié dans son Manuel.

Et maintenant, quelles impressions générales produit la lecture de ce document, dont notre analyse n'a pu qu'effleurer la richesse? Ce qui frappe tout d'abord en l'étudiant, c'est l'intensité de la vie industrielle et commerciale de Constantinople à la fin du neuvième siècle, ce sont les ressources immenses de cette grande ville, rendez-vous de l'Orient et de l'Occident, héritière et gardienne de la civilisation antique. A cette première impression en succède une autre d'une nature différente, celle des dangers grandissants qui menacent ce foyer de vie et de lumière. Je n'entends pas par-là les ennemis du dehors, ces populations slaves campées sur les frontières rétrécies du Nord-Ouest, tandis que les Arabes occupent les anciennes provinces du Sud et du Levant. Sous la dynastie macédonienne, dont Léon le Sage est le troisième représentant, l'étreinte des Barbares et des Musulmans se relâche au contraire ; un vigoureux mouvement d'extension pousse l'empire dans la voie des revendications victorieuses. Non, le mal est intérieur ; c'est le déclin des forces morales qui s'accentue. De quelle diminution de la liberté individuelle le *Livre du Préfet* ne nous montre-t-il pas les symptômes ? Jamais la main de l'Etat ne posa plus lourdement sur tout le domaine de la production et de l'échange. Dans ce paradis du monopole du privilège qui s'appelle Constantinople, non seulement les portes de communication entre les divers métiers sont toutes murées de par la loi, mais l'exercice de chacun d'eux est soumis à mille conditions gênantes et oppressives. L'Etat se mêle de tout ; il contrôle tout : il entre quand il lui plaît dans les ateliers, fouille dans les magasins, inspecte les livres de compte. Il règlemente tout. Tel produit doit être vendu de tel à tel jour, à telle ou telle place, à tel ou tel prix. Le manufacturier ne peut pas acheter directement sa matière première, ni la choisir à son gré ; il n'a son mot à dire ni sur la qualité, ni même sur la quantité de ses approvisionnements ; c'est la corporation qui achète en bloc les arrivages ; lui n'a qu'à verser tant à la masse et à recevoir ce que lui dispenseront les hasards de la distribution entre les membres du collège.

Mais le rôle de l'Etat ne s'en tient pas là. Un protectionnisme jaloux restreint ridiculement l'importation et l'exportation. Pour conserver à la capitale la possession exclusive de certains procédés industriels, on traite les étrangers en suspects, on limite étroitement leur droit de séjour, on fixe un maximum pour la valeur des marchandises qu'ils pourront acheter.

Cette réglementation à outrance avait pour instruments toute une armée de fonctionnaires aux ordres du Préfet. Son substitut, ses officiers, ses inspecteurs, ses agents subalternes, exerçaient une surveillance incessante, que les chefs des corporations devaient seconder de tout leur pouvoir. Mais l'inquisition du Préfet comptait encore bien d'autres auxiliaires, autant en réalité qu'il y avait d'industriels et de marchands à Constantinople, et cela grâce à un moyen très simple et très économique : la dénonciation mutuelle. La loi en faisait une obligation absolue à tous les membres des corps de métiers. C'est dire qu'on portait atteinte à la dignité de l'individu en même temps qu'à sa liberté.

Ce mépris de la dignité de l'homme s'accuse d'une manière plus grave encore dans les dispositions pénales qui accompagnent la plupart des paragraphes de l'Edit. On sait que le Code byzantin devint toujours plus avare de la vie des criminels. La peine de mort fut de moins en moins appliquée : sous le long règne de Jean Comnène (1118-1142), il n'y eut pas une seule exécution capitale dans l'empire. Quel contraste avec le monde latin et germanique, où le glaive des hautes œuvres abattait continuellement les têtes ! Eh bien, la barbarie des Occidentaux paraît plus réellement humaine que la mansuétude des successeurs de Justinien , quand on voit la prodigalité avec laquelle ceux-ci infligent les peines infamantes. Dans le *Livre du Préfet*, elles sont le refrain lugubre de presque toutes les prescriptions de l'empereur. A tout propos, c'est la flagellation, suivie régulièrement de la tonsure. Qu'il s'agisse d'un notaire qui a omis une formalité légale dans la rédaction d'un acte, d'un cabaretier dont les brocs ne portent pas l'estampille du préfet, ou d'un maquignon qui s'est adjugé une obole de trop sur le prix d'un cheval vendu par son entremise, le fouet et les ciseaux marquent le coupable d'une double flétrissure. On comprend que cette société , où l'on faisait litière de l'honneur comme de la liberté du citoyen , était atteinte dans ses œuvres vives, et que malgré tous les avantages d'une situation géographique incomparable, malgré tous les dons d'une culture intellectuelle infiniment supérieure à celle de ses ennemis, malgré toute la gloire de son passé, la grande métropole grecque devait succomber un jour ou l'autre (1).

(1) Pendant qu'on imprimait cette analyse pour les lecteurs de la *Revue Générale du Droit*, l'Edit de Léon VI a paru sous le titre suivant : *Le Livre du Préfet ou l'Edit de l'Empereur Léon le Sage sur les Corporations de Constantinople*, texte grec du Genevensis 23, publié pour la première fois par Jules Nicole, professeur à la Faculté des lettres de Genève, avec une traduction latine, des Notices exégétiques et critiques et les variantes du Genevensis 23 au texte de Julien d'Ascalon. Genève, Georg et Cⁱᵉ, 1893. Grand in-4ᵉ.

TOULOUSE. — IMP. A. CHAUVIN ET FILS, RUE DES SALENQUES, 28.

E. THORIN & Fils, éditeurs, 7, rue de Médicis, 7, à Paris

REVUE GÉNÉRALE
DU DROIT, DE LA LÉGISLATION
ET DE
LA JURISPRUDENCE
EN FRANCE ET A L'ÉTRANGER

Dirigée par MM.

A. BARTHELON
Conseiller à la Cour d'appel de Paris ;

Alph. BOISTEL
Professeur à la Faculté de droit de Paris ;

J. BRISSAUD
Professeur à la Faculté de droit de Toulouse ;

Max. DELOCHE
de l'Institut ;

Th. DUCROCQ
Professeur à la Faculté de droit de Paris, Doyen honoraire, Correspondant de l'Institut ;

G. HUMBERT
Professeur honoraire à la Faculté de droit de Toulouse, Sénateur, Ancien Garde des Sceaux, Premier président de la Cour des comptes ;

Jh LEFORT
Avocat au Conseil d'Etat et à la Cour de cassation ;

Fréd. MATHÉUS
Ancien maître des requêtes au Conseil d'Etat ;

H. PASCAUD
Conseiller à la Cour d'appel de Chambéry ;

Aug. RIBÉREAU
Professeur à la Faculté de droit, à l'Ecole de commerce et d'industrie de Bordeaux.

H. BROCHER
Professeur de droit à l'Université de Genève.

Enrico FERRI
Député, Professeur à l'Université de Rome.

AVEC LE CONCOURS D'UN GRAND NOMBRE DE PROFESSEURS, DE MEMBRES DE LA MAGISTRATURE ET DU BARREAU FRANÇAIS ET ÉTRANGER

LA REVUE GÉNÉRALE DU DROIT

Paraît tous les deux mois (depuis le 1er janvier 1877) par livraisons de chacune six feuilles (*au moins*) grand in-8° cavalier et forme, à la fin de l'année, un fort volume de 600 à 650 pages, imprimé sur beau papier en caractères neufs.

Le prix de l'abonnement est de 16 fr. pour la France et les pays faisant partie de l'Union générale des postes. — Pour les autres pays, les frais de poste en sus. Prix du numéro double, séparément : 3 fr. 25.

Tout ce qui concerne la Revue doit être adressé *franco* à MM. THORIN & FILS, éditeurs-propriétaires-gérants de la **Revue générale du droit**.

On s'abonne, en province et à l'étranger, chez les principaux libraires et dans les bureaux de poste.

www.ingramcontent.com/pod-product-compliance
Lightning Source LLC
Chambersburg PA
CBHW050408210326
41520CB00020B/6505